novum premium

Drüben bei Michi

Ein Bericht

Joachim Martin

Bibliografische Information
der Deutschen Nationalbibliothek:

Die Deutsche Nationalbibliothek
verzeichnet diese Publikation in
der Deutschen Nationalbibliografie.
Detaillierte bibliografische Daten
sind im Internet über
http://www.d-nb.de abrufbar.

Alle Rechte der Verbreitung,
auch durch Film, Funk und Fernsehen,
fotomechanische Wiedergabe,
Tonträger, elektronische Datenträger
und auszugsweisen Nachdruck,
sind vorbehalten.

© 2016 novum Verlag

ISBN 978-3-903067-66-0
Lektorat: Mag. Nicole Schlaffer
Umschlagfoto:
Mrhighsky | Dreamstime.com
Umschlaggestaltung, Layout & Satz:
novum Verlag

Gedruckt in der Europäischen Union
auf umweltfreundlichem, chlor- und
säurefrei gebleichtem Papier.

www.novumverlag.com

Wie fast alles im Leben, hat die Geschichte von William, die ich eigentlich erzählen möchte, viel früher begonnen. Mit der Geschichte von Michi und Peter nämlich.

1

Ein Pfeil im Köcher

Es war am Mittwochnachmittag vor Ostern. Das Programm hatte Tradition: Vorlesen einer Geschichte und Austeilen der Zeugnisse. Herr Steiner, der liebevoll Steini genannte Lehrer, pünktlich wie immer, warf die ungewöhnlich pralle Mappe so abgemessen auf sein Pult, dass sie knapp am Rande liegen blieb. Steini griff im Bücherregal nach einem Heftchen, las den Titel »Der Untergang der Titanic«. Peter, der in der vordersten Reihe rechts saß, wo er auch sitzen bleiben würde, solange er sich weigerte, das Rennen der Burschen um die hintersten Plätze mitzumachen, gähnte und belehrte Steini, wie man Titanic richtig ausspricht. Steini las lächelnd falsch weiter; er hatte noch einen Pfeil im Köcher und als ihn Peter belehrte, die Geschichte von „Näher, mein Gott, zu Dir" hätte sich in den Zeugenaussagen längst als Märchen erwiesen, sagte er nur: „Ich lese nicht aus einem Geschichtsbuch."

Das Zeugnis schob Peter ungeöffnet wie eine kalte Suppe vor sich hin. Etwa der Dritte, schätzte er, wie immer, nie der Erste wie Michi.

Als Steini die Schüler mit guten Osterwünschen entliess, rief er Peter beim Ausgang zurück und übergab ihm ein zweites Zeugnis. „Michi ist krank. Bring es ihm."

„Warum ich?"

„Vielleicht lernst du drüben bessere Manieren."

„Warum kommen Sie nicht mit?"

„Du bist der frechste Bengel, den ich je hatte. Ich werde mit deinem Vater reden."

2

Faustdick gelogen

Um 18 Uhr stand Peter am See neben dem Bootshaus und suchte eine Rufsäule. Aber von der Insel her kam ihm schon ein junger Mann am Stehruder entgegen und deutete ihm einzusteigen.

Auf der Wiese vor dem Schloss lag ein Teich, dessen linke Seite mit rund geschliffenem Marmor eingefasst war, während der Teich rechts in eine Art Biotop auslief, mit Binsen, Seegras, jungem Schilf, einem Block Seerosen, belebt von kleinen Entchen und Krötenpärchen. Im linken Gewässer schwammen Goldfische. Aus dem Dachgiebel des Haupthauses flatschten im Minutenabstand Wasserstösse in den Teich, die Peter an das Swarovski-Museum erinnerten. Böse Zungen meinten im Umkleideraum, Michi spritze den ganzen Tag ab.

Die schwarze Dame im Fauteuil sagte: „Du bringst das Zeugnis. Michi wartet schon. Er wird sich freuen." Dann beugte sie sich vor, drückte auf dem Tischchen den Knopf der silbernen Serviceglocke und glitt in den Fauteuil zurück.

Eine Dame mit Häubchen begleitete Peter in die linke Zimmerflucht, öffnete Michis grosses Zimmer mit weiss-rosa Stuckaturen, und zog die Türe gleich wieder zu. Links neben Peter stand ein leeres Bett, Michi saß am Pult gegenüber am Fester zum See, ein Schreibzeug in der Hand, ein Blatt vor sich, schrieb aber nicht und sah sich nicht um.

Es ist ja schliesslich unser Michi, sagte sich Peter, ging zu ihm, tippte mit dem Zeugnis sanft auf das blonde Haar und legte das Zeugnis hin.

„Der Steini schickt mich … Willst du es nicht öffnen?"

„Ich weiss es schon …"

„Warum hat er mich dann hergeschickt?"

„Ich muss es ja zum Schulbeginn unterschrieben zurückbringen, … wenn …"

„Wie hast du mich hierher geschleust?"

„So was besorgt Noah, der Fährmann. Er hat Steini gesagt, ich müsse dich treffen. Schliesslich seien wir Freunde."

„Das ist ja faustdick gelogen. Du hast mich die ganzen Jahre kaum je angeschaut."

„Und du mich ebenso wenig."

„Ja." (Das stimmte nun allerdings nicht ganz. Er hatte seiner üblen Gewohnheit gefrönt, die Reife der Burschen im Umkleideraum und beim Duschen geprüft und nach den Weihnachtsferien festgestellt, dass Michi ihn überholt hatte.)

Nun deutete Michi auf das Sofa, setzte sich hin und lud ihn mit einer Geste ein.

„Gerade so krank siehst du gar nicht aus."

„Im Spital reden sie mich krank und wissen nicht weiter. Darum brauche ich dich hier."

In diesem Moment rollte die Krankenschwester den Serviceboy mit dem Abendessen herein.

„Heute gibt es nur eine Portion, doch für morgen Abend habe ich zwei bestellt. Du musst morgen nochmal kommen; wir müssen über unsere Freundschaft und meine Krankheit reden."

„Nun mal schön langsam. So geht das nicht. Steini hat gesagt, er schickt mich her, damit ich hier Manieren lerne. Aber Manieren habe ich umsonst erwartet. Der Bursche war bisher der freundlichste. Ich wurde herumgeschickt, kaum begrüsst, kein Schluck Wasser, und nun kommst du: ‚Heute ist nichts; du musst morgen kommen, ich brauche dich, wir müssen …' So geht das nicht."

„Aber morgen kommst du nochmals. Dann gibt's zu essen, und wir können Krankheit und Freundschaft klären."

„Gut. Morgen."

(Beinahe wäre ihm ein „Dir zuliebe" entfahren.)

„Ruf mich an, wann ich kommen soll. Und organisiere jetzt meine Heimfahrt."

3

Kopf klären

Peter ging daheim zuerst in sein Zimmer. Das Zeugnis war schon unterschrieben. Also kein Gesprächsthema beim Essen. Aber Sigi konnte auf seine Boshaftigkeiten nicht verzichten: „Das bessere Zeugnis hast du wohl drüben gelassen ... dafür bewegen wir uns jetzt in besseren Kreisen."

2 zu 0 für Sigi. Schweigen.

Peter ging früh zu Bett. Der Besuch drüben zwang ihn zu einer Klärung. Er drehte sich nach rechts und zog die Decke über den Kopf.

Michi hat gelogen. Das war nicht seine Art. Der Vorwand war ihm zu wichtig.

Was konnte ich mit Michis Krankheit zu tun haben?

Wenn meine Rolle wichtig wäre, hätten sie mich anders empfangen. Nicht wie einen Sklaven. Aber Michi sollte aufpassen: Gute Sklaven sind rar und gefährlich. Morgen Abend weiss ich schon zu viel.

Er spürte plötzlich so etwas wie Macht: Niemand konnte ihn drüben zwingen, am wenigsten zur Hilfeleistung.

Die Mutter kam zum Gutenachtkuss, setzte sich auf den Bettrand und zog die Decke leicht zurück. „Du sahst heute nicht besonders glücklich aus. Dabei ist dein Zeugnis gut. Fast zu gut, wenn ich bedenke, wie wenig du für die Schule tust. Mit diesen Noten kannst du prüfungslos ins Gymi."

„Nie würde ich in die gleiche Schule wie Sigi gehen."

„Sparen wir das für später. Was hat Michi?"

„Er hat dem Steini vorgelogen, er brauche mich als Freund. Und mir sagt er, er benötige meine Hilfe. Aber der Empfang war kalt, nicht einmal ein Glas Wasser; für das Abendessen morgen hat er mich hingebeten. Dann will er mir seine Geschichte erzählen."

„Bleibe drüben freundlich und hilfsbereit. Wenn du nicht kannst, magst oder ihm misstraust, sage Nein."

„Das ist das Wort, das ihr mich nie gelehrt habt."

„Nun schlaf mal ruhig!"

Er zog die Decke vor und schniefte.

4

Der kleine Exhibitionist

Nach dem Mittagessen rief Michi an und bat Peter, schon um 15 Uhr zu kommen. Der Vater sei aus Südafrika gekommen und sie hätten eine Sitzung mit dem Hausarzt.

Mag sein, dass sie nach ihrer Sitzung noch zu Michi hereinschauen, sagte sich die Krankenschwester und reinigte in Michis Zimmer eilig die Fensterfront zum See. Michi hatte sich immer gegen die weißen Tüll-Vorhänge gewehrt, ohne die die fetten Blätter der mächtigen Eiche morgens wie Augenlider am Glas klebten, nicht wie die Rosen auf Rilkes Grab als niemandes, sondern als sein Schlaf.

Die Dame bestand auf die Vorhänge: „Es sieht dir ja sonst jeder Segler und Fischer ins Zimmer."

„Lass ihnen doch den Anblick eines hübschen Boys. Wenn ich nackt bin, öffne ich immer das Fenster."

„Dann sehen die Badenden mit dem Fernglas herein."

„Ist doch gut, dann sieht mein Ding noch grösser aus."

„Wo ist nur deine Scham geblieben?"

„Weiss nicht, hab' sie noch nie vermisst."

5

Ärzte, Peter inkl.?

Inzwischen eröffnete Dr. Erkenz im Salon des rechten Flügels die Sitzung mit Hausarzt Dr. Wallner, Lady, Krankenschwester und Noah. Dr. Wallner erörterte die vorgesehenen Massnahmen: neue Blutabnahme, die er zur sofortigen Prüfung ins Labor bringt, am Ostermittwoch in die Röhre; am folgenden Montag soll Michi zum Chefarzt der Jugend-Psychiatrie, Prof. Kurmann.

Noah notierte alle zu treffenden organisatorischen Massnahmen. Dann sagte er, Michi habe seinen Schulkameraden Peter zum zweiten Mal hergeladen. Ob dieser Junge in die medizinische Therapie einzubeziehen sei. Dr. Wallner meinte, dieser Peter sei unbedingt Prof. Kurmann vorzustellen. Die Krankenschwester pflichtete bei und erwähnte, dass bei psychisch heiklen Situationen Kameraden in der Klasse oft über mehr Informationen verfügten als die eingesetzten Fachleute.

6
Sonnenschutz-Probe

Noah holte Peter pünktlich am Ufer ab. Er fand Michi munter, aber im Bett.

„Probleme?" „Ja!", jammerte Michi, warf die Decke links weg und sprang nackt aus dem Bett.

„Wirf T-Shirt und Hose in die Ecke und los ins Inselbad."

„Nackt?"

„Badetücher sind draussen." Michi eilte gleich voraus, links in das Areal mit Pool, einem Wäldchen, Spielplatz und Pritschen fürs Sonnenbad.

Nach der Dusche legten sie sich trotz des leichten Westwindchens in die Sonne. Michi gab Peter eine Tube Sonnencreme. „Wir müssen uns schützen." Michi rekelte sich dafür auf dem Bauch zurecht, Peter ging ans Einreiben. „Po ist sonnenempfindlich." Peter besorgte diese Fläche mit ein wenig Hemmung und nahm Füsse und Zehen besonders sorgfältig dran.

Michi regte sich. „Ich krieg einen Boner", sagte er und wendete sich mit elegantem Schwung auf den Rücken. „Mach weiter! Schwanz und Eier sind am empfindlichsten."

Peter griff aber nur nach Michis linker Hand, drückte Creme in dessen Handballen: „Das ist nicht mein Revier …"

Michi brummte, griff zu, nahm sich die Eier vor, während sein Ding schön aufrecht stand, auf seine Hand wartete und, kaum bedient, Michi ein Stöhnen, schnellen Atem entrang und fast sogleich drei Auswürfe produzierte.

„Nothing is better than this", schnaufte er erlöst.

„And no coming shorter than yours!", belustigte sich Peter.

Nun nahm Michi Peters Rücken vor und übergab ihm das Zepter für die Vorderseite. Abgesehen von einer bescheidenen Verlängerung, blieb Peters Schwanz träge. Michi schwieg, enttäuscht über Peters bescheidene Reaktion … in der Schule war er doch schweinisch anzüglich … zumindest rhetorisch …

Nach der Dusche spielten sie Tischfussball und zogen sich bald zurück. Man wusste ja nie, ob Dr. Wallner nochmals nach ihm sieht.

7

Freundschaft und Krankheit

Sie setzten sich in die Cheminée-Fauteuils, Michi brachte Gläser und Cola.

Er begann bedacht.

„Und jetzt Freundschaft und Krankheit. Hängt untrennbar zusammen, darum verstehst du nicht.

Ich war gesund und keiner hat sich um mich gekümmert. Dann passierte anfangs der Woche etwas Unheimliches. Ich sass daheim am Pult und spürte, wie allmählich ein Beben durch meinen Körper ging, langsam über Lunge, Bauch, in den Kopf. Dann schwand Energie wie Restflüssigkeit aus Armen und Beinen. Dann kamst du unerwartet vorbei, ich wollte nach dir greifen, erreichte nur den kleinen Finger, ich rief nach dir, doch du warst verschwunden. Die Schwester, die mich fand, die Haut geschrumpelt wie eine alte Kartoffel, hörte nur immer das leise ‚Peter'. Man lieferte mich in die Notfall-Station, wo erste Untersuchungen wenig ergaben und ich auf die Frage nach Peter noch nicht antworten konnte. Schliesslich rief Noah bei Steiner an und fragte nach einem Peter in meiner Klasse. Steiner gab eine Adresse, meinte aber, dass dieser Peter kaum gemeint sein könne. Schließlich nickte ich erlöst, als Noah mich fragte. Zugleich empfand ich eine Erleichterung, verlor mein Zittern als Noah vorschlug, dich via Zeugnis herzuholen. Und gestern warst du da, und mir ging es besser."

„Aber was soll das? Kam der Anfall, weil ich kam? Oder gingen die Beschwerden, weil ich kam? Das hat ja alles keine Logik, vor allem weil wir uns kaum kannten."

„Ich sehe das anders: Der Ziegel fällt nicht vom Dach, weil du unten stehst. Und du gehst nicht unter Dach, weil ein Ziegel herfliegt."

Peter schüttelte den Kopf: „Wenn du etwas Schwieriges erklären willst, tauchst du immer gleich zu tief. Steini und alle halten dich für gescheit – weil sie dich nicht verstehen."

„Die Ursachen sind geheimnisvoll, aber die Folgen klar: Der Zufall will, dass du da bei mir auftauchst, als ich krank wurde. Ein anderer Zufall will, dass ich dich als Helfer vorbeikommen sehe. Also hast du wie bei Facebook eine Freundschaftsanfrage, und ich muss warten, hoffen, bangen."

„Ich habe dich nie recht verstanden."

„Ich gehe weiter zurück. Als Sechsjähriger verlor ich meine Mutter in England. Wir zogen hierher, ich kam mit dem dürftigen Deutsch meiner Nanny in eure Klasse. Ob ich Deutsch oder Englisch redete, ihr habt nur gelacht. So lernte ich schweigen und wurde Einzelgänger; keine Freunde."

„Und ich soll dir jetzt plötzlich trauen?"

„Ich kann dein Vertrauen nicht kaufen."

„Aber es gäbe vielleicht einen Pfand."

„Gut. Ich sage dir ein Geheimnis, das niemand wissen darf. Damit gebe ich mich in deine Hand. Du kennst Noah. Er ist mein Freund. Er hat mir als Minderjähriger Sexheftchen und DVDs gegeben. Wenn du möchtest, kannst du alles ansehen. Er liebt die Lady. Seit er da ist, letzten Herbst, bumst er meine Stiefmutter. Genügt das?"

Die Krankenschwester rollte den Servicewagen herein, diesmal mit zwei Menus. „Schnipo, wie sie gewünscht hatten und je eine Zugabe Salat."

Erst um 21 Uhr fuhr ihn Noah an Land. Er ging den Heimweg zu Fuss. Es war zu viel eingedrungen zwischen drüben und daheim.

Die Eltern hatten ungeduldig gewartet. „Wir sehen es nicht gern, wenn du so spät allein den Seeweg und den Pfad durch das Wäldchen gehst."

„Es gab zu viel zu klären und ich brauchte Zeit und Distanz. Das nächste Mal lasse ich mich im Rolls heimfahren."

„Das wäre unangemessen und eine Zumutung. Vergiss nicht, wer wir sind."

„Wenn sie mich brauchen, sind sie selber schuld."

„Geh nun zu Bett und schlaf drüber, bevor du wieder nach drüben gehst."

8
Drüben ganz anders …

Peter schlief schlecht. Die Wirrnisse gingen durcheinander: Eine seltsame Genugtuung, dass Michis Sexproduktion bei ihm keine Reaktion erreicht hatte. Nicht nur das. Er fand Michis Schnellschuss-Orgasmus frühpubertär.

Er konnte sich nicht verzeihen, dass er in Michis Zusammenbruch aufgetaucht sein soll. Die Geschichte mit Lady und Noah interessierte ihn nicht, wohl aber – schwer zuzugeben – die Heftchen und DVDs: Da tauchte wieder seine idiotische Wunsch-, Fantasie- und Glotzbesessenheit für Schwänze auf. Keiner konnte ihm lang genug, dick genug, violett durchblutet und mit prallen Adern durchzogen sein. Und mit Michi würde er demnächst über seine bübisch-kurzen Abspritz-Termine reden …

Er war gedemütigt, weil er drüben nicht gekommen war, er, sonst so stolz auf seine Orgasmen. Ein Vormittags-Nachschlaf-Exemplar musste jetzt sein: langsames Ganzschwanzreiben, mit seiner geheimen Gleitcreme, das Eierbefühlen, mit dem linken Mittelfinger die Analrosette streicheln, ohne richtig einzudringen, auf die Uhr sehen und erst nach fast einer Stunde kommen, abstossen, die in langen hohen Bögen auf dem Kopfkissen landenden Spritzer zählen, ächzen bis 7, dann in flacheren Bögen grunzen. Duschen, nachsäubern.

9
Streit um Sex

Michi meldete sich vor dem Mittagessen. Es ging nicht gut. „Kannst du am Nachmittag kommen?"
„Ich komme gleich nach dem Essen. Sage doch Noah, er soll mich um 14 Uhr hier abholen."
Die Familie beim Dessert hatte offenbar Michis Anruf mitbekommen. Sigi: „Ob unser Brüderchen etwa schwul ist?" Am Tisch fragte er Peter, ob er am Abend nochmals zu einem Fussballmatch käme? Peter sagte nein. „Warum nicht?" „Ich möchte dir die Schande ersparen, mit einem schwulen Bruder aufzutauchen", stand auf und ging ins Zimmer, zuerst wutentbrannt, dann war ihm plötzlich tröstlich klar, dass Sigis Verdacht eine brauchbare Waffe sei. „Schwul" unter Burschen war meist nicht böse gemeint, in der Familie dagegen eine schwere Verdächtigung.

Noah fuhr pünktlich vor.
„Michi hat eine Krise …"
„Wallner schon dort?"
„Nein, die Schwester gab ihm ein Beruhigungsmittel."
Michi sass der Länge nach im Fauteuil. Peter packte ihn unter den Armen, setzte sich auf den zweiten Fauteuil und zog Michi auf sich, den Kopf in der Achselhöhle, und begann den Rücken sanft zu streicheln, genauso wie es Mama mit ihrer Katze tat. Michi zitterte schneller, aber nicht mehr in Zuckungen; er schlief bald ein, sie legten ihn sorgfältig ins Bett, zogen die Vorhänge zu. Noah ging, Peter holte Gläser und Getränke und setzte sich neben der Schwester auf den zweiten Fauteuil.

Um 17 Uhr erwachte er; die Schwester war gegangen; Michi schien munter erholt, rief „Peter, baden" und ging nackt voran zum Badeplatz; beide duschten, fanden Schutz gegen die Abendsonne nicht nötig und legten sich hin. Wenn auch nicht lange reibungslos, denn Michi drehte sich auf den Rücken …

Peter: „Schon wieder?", dabei hatte der Heuchler schon vormittags vorgesorgt.

„Ich war gestern wie erlöst. Seit meinem ersten Anfall war ich ohne Lust und schon verängstigt, die Krankheit blocke den Sex."

„Ich werde dafür sorgen, dass dein Bedarf sich wieder meldet. Wenn nur deine Krankheit nicht ansteckend ist und mich auch blockiert."

Michi kam wie gestern wieder bald, Peter blieb unerregt.

„Mit dir ist tatsächlich gar nichts los." Peter verschwieg den Vormittag. „Ich bin halt nicht so süchtig."

„Ich verteile besser; warte, wenn ich mal komme und du mal als Empfänger dran bist, droht dir nicht Bewässerung, sondern Überschwemmung. Du bist ohnehin auf dem falschen Pfad: Wenn du ein Mädchen bumsen sollst, hat sie nichts von dir als weiße Wasserflecken. Bei ihrem ersten Stöhnen kommst du schon wieder raus."

„Ich brauche keine Weiber, die sich lange rekeln. Schau dir mal die DVDs an: diese roten Mäuler, die Euter-Ballone, die verdrehten Ärsche, den Busch vor dem Eingang und das Geifern, bevor du drin und nachdem du draußen bist."

„Jetzt tu nicht so, als ob du Erfahrung hättest."

„Brauche ich nicht. Ich könnte keine Rasentante befeuchten, und Burschen nur, wenn ein Kranz den Zugang lockt."

„Aber eure Burschenspiele à la ‚Wer kommt am schnellsten' sind ja Orgasmustöter. Der Letzte ist der Lustgeilste."

Peter griff zu Stifters Hagestolz. Er staunte, wie diskret die Zeit der Annäherung an den Onkel geschildert war. Keine Spur von Sex, er fragte sich, ob Jugendliteratur Sex immer verdrängt und entschied, diese heikle Frage Steini zu stellen. Nur die Formulierung musste noch her.

10

Michis Vater greift ein

Vor dem Abendessen kam Dr. Erkenz ins Zimmer und setzte sich zu Peter im Fauteuil.

„Der heutige Anfall war – dank dir – erträglich, aber du hast ja gezeigt, wie gross dein Einfluss ist. Darf ich dich bitten, diese Nacht bei uns zu verbringen? Es würde Michi beruhigen, dich erreichbar zu wissen."

Peter griff nach dem Natel, rief seine Mama an und stellte auf Mithören. Sie meinte: „Wenn du magst und es dich nicht zu sehr stresst, darfst du natürlich bleiben." Dr. Erkenz deutete noch ein Begehren an: „Ich würde ihn bringen, damit er ein paar Sachen holen kann. Wann passt es?"

„Freut mich, Sie kennenzulernen."

Dr. Erkenz redete in Vaters Büro. Er fragte, ob es denkbar wäre, Peter eine ganze Woche drüben zu haben. Es ständen wichtige Untersuchungen bevor, und Peter könnte einen grossen Beitrag zur Beruhigung leisten. Er werde, falls Peter und seine Eltern einverstanden wären, Peter grosszügig vergüten.

„Wenn Peter es wagt, diese Aufgabe zu übernehmen, soll es unsererseits keine Bedenken geben. Wir würden ja die ganze Woche über in Kontakt bleiben."

Sie gingen in Peters Zimmer zurück, fragten ihn und er sagte zu. „Kleider brauchst du nicht gross. Wir haben für ein halbes Knabeninternat, und ihr zwei seid ja fast von gleicher Statur."

Drüben richtete sich Peter im Zimmer neben ihrem gemeinsamen Bad ein.

Bei Michi wartete schon das Abendessen.

11

Ferien mit Noah

Michi ging nach dem Abendessen gleich ins Bett. Die Schwester bereitete Peter das Sofa zum Wachen vor. Aber Peter zog einen Fauteuil zu Michis Bettrand, griff nach Michis rechter Hand, bis er einschlief. Kurz darauf schlief auch Peter.

Die Schwester kommt um 7 Uhr morgens und lächelt. „Gut geschlafen?" Michi erwacht ebenfalls. „Hast du schlafen können?" „Die ganze Nacht! Ich bin kein zuverlässiger Nachtwächter", lachte Peter.

Michi war guter Dinge.

Peter sagte: „Dein Vater war bei uns. Ich habe eine ganze Woche Gratis-Ferien auf der Insel!"

„Gratis-Ferien? Du bist mein Sklave, zu meinen Diensten und wirst aufs Wort folgen."

„Da kannst du mich gleich! Ich gehe heim und du stirbst."

„Dann erwürge ich dich schnell vorher."

„Das gibt eine tolle Beerdigung. Und um mich werden sie wenigstens trauern. Diener sind rarer als Herrensöhnchen.

Also ich bringe das grosse Opfer und erdulde eine Woche deine Gegenwart."

Die Schwester kam mit dem Frühstück.

Michi ging ins Bett und las, Peter richtete sein Zimmer.

Am frühen Samstagnachmittag sprang Michi wieder splitternackt in Peters Zimmer: „Baden", und eilte ins Gelände. Sie duschten und schwammen gemütlich, bis Noah auftauchte. Er ging zu Peter, gab ihm die Hand und sagte: „Noah, alle duzen mich hier." Dann rief er feierlich: „Und jetzt wird strukturiert."

„Ich habe euch unter der Trauerweide zwei gemütliche Liegen eingerichtet. Dort könnt ihr nach Lust und Laune …"

„Was können wir?"

„Rate mal! Michi, es ist in eurem Interesse. Wir haben Reklamationen von Fischern und Seglern. Und jetzt machen wir Tischfussball."

„Super", rief Michi und flüsterte Peter zu: „Er ist sackstark! Keine Chance!"

Nach 20 Minuten Verlustspielen meinte Peter: „Was du mit uns treibst, ist platter Sadismus. Erstens verlieren wir ständig, und dann …"

„Was dann?"

„Du beschämst uns mit deinem provozierenden Sex-Apparat. Sag uns wenigstens, wie du dazu kommst."

„Das ist genetisch bedingt. Nur ein Teil, die vorstehenden Adern, die Farbe der Erregung hängt vom Geschäft ab …"

„So zeige uns das Geschäft!"

„Ich bin kein Kinderschänder."

„Aber mit uns kannst du was machen."

„Pass auf! Sonst öle ich dir den Arsch ein und ficke dich, dass dir meine Eichel zum Maul rausschaut."

„Oh ja", rief Michi, „warte, ich hole den Fotoapparat."

„Was ich euch empfehle: Setzt euch mal zusammen zu einer Beichte über eure Häufigkeit und zeigt euch, was euch am meisten Spaß macht. Und dann: Übung macht den Meister; und nackt schlafen! Das ist die beste Sexualkunde. Ich muss jetzt gehen."

„Also zwei Hausaufgaben für nächste Woche: zwei Beichten und Noahs Heftchen und DVD."

12

Zwei Osteressen

In Peters Familie war Ostern ein Ritual: Familien-Frühstück daheim; Messe um 10 Uhr; anschliessend Apéro mit Onkel Siegfried, Sigis Pate, und dessen Familie; anschliessend Mittagessen bei Peters Familie.

Für heute war ein Kompromiss geschlossen. Noah brachte Peter zum Frühstück und holte ihn um 9 Uhr ab.

Die Plätze am Tisch waren vorgegeben. Sigi als Patenkind am Ehrenplatz.

Überraschung: Vater stand auf und richtete sich an Sigi: „Sigi, du hast unseren Peter diese Woche vor allen beleidigt. Wir haben darüber gesprochen. Du siehst ein, dass du eine Grenze überschritten hast. Ich erwarte ein Wort der Entschuldigung."

„Es war daneben. Aber es war nicht so böse gemeint. Tut mir leid. Aber ich weiß, dass ich heute vom Paten Sigi ein neues Renn-Fahrrad mit 24 Gängen erhalte. Deshalb habe ich beschlossen, mein bloss dreijähriges Rad dem Peter zu überlassen."

Schweigen. Alle warteten auf Peters Friedenszeichen. Er wartete bis zur Peinlichkeit; dann stand er zur Überraschung aller auf und richtete sich an Sigi: „Du hast mich 14 Jahre lang schikaniert und lächerlich gemacht. Es ist jetzt genug. Ich wünsche dir nichts Schlechtes. Ich wünsche mir nur, dass ich nie, nie mehr im Leben mit dir zu tun habe. Behalte dein Fahrrad. Ich würde mich schämen, als dein schwuler Bruder mit deinem Rad herumzufahren." Und setzte sich.

Peinliches Schweigen. Dann der Vater:

„Das sind harte Worte, Peter. Ich hoffe und wünsche, dass du eine Nacht, eine Woche, darüber schläfst."

Peter schwieg. Das Frühstück wurde serviert. Um 9 Uhr stand Peter auf. „Noah kommt", ging zur Mutter für einen Kuss auf die nasse Wange und ging.

Das Mittagessen auf der Insel war friedlicher. Lady, Dr. Erkenz und Noah assen im Speisesaal im rechten Flügel; unangenehme Henri II-Klotzmöbel! Dr. Erkenz nützte die Gelegenheit für Wochenplanung. Am Mittwoch war ja der Rückflug nach Johannesburg geplant.

Er schlug für Montagabend ein Treffen mit Peters Eltern vor: Er hatte mit Rektor Mitterer die Schulpläne vorbereitet, und nun musste die Einwilligung von Peter und seinen Eltern bereinigt sein.

Für Mittwoch (nach der Röhre) schlug er den Burschen ein Abendessen im Grand Hotel Montparnasse vor.

„Und was für Klamotten? Peter hat nur Strandplunder mitgebracht", fragte Michi.

„Noah geht mit euch am Dienstag in unsere Modeboutique."

„Budget?", fragte Michi, für Peter ungewohnt!

„Sagen wir 3000 je, und kauft etwas, das euch wirklich gefällt.

Und am nächsten Montag seid ihr bei Prof. Kurmann, beide wünscht er."

„Dann wird es heikel; er wird uns einzeln ausfragen und Widersprüche aufdecken, wenn wir uns nicht sorgfältig absprechen."

„Was sollen wir sagen und verheimlichen?"

Dr. Erkenz meinte: „Am besten sagt ihr die Wahrheit."

Michi: „Wer weiss, was er verträgt. Wir möchten ihn nicht schockieren."

„Er ist Härteres gewohnt, als ihr kennt oder gar tut!"

Michi: „Willst du Beispiele?"

„Jetzt spielt nicht die hartgesottenen Sünder! Kurmann wird eure Untaten überleben."

Dr. Erkenz ging zum Schulischen über. „Ihr wisst, dass ich Michi gern an einer englischen Public School sähe. Aus gesundheitlichen Gründen wären wir beruhigt, wenn Peter gleichzeitig dort wäre.

Mitterer sagt, dass beide mit ihren Zeugnissen ohne Prüfung aufnahmefähig sind."

„Mein Traum", meinte Peter, „aber wir können das nie bezahlen. Ich habe einmal gehört, dass ein Jahr etwa 50 000 Euro kostet."

„Deine Eltern und ich möchten dich fragen, ob du bereit wärest, die Prüfung für eine Scholarship zu wagen. Dann werden die Kosten vom Schultrust übernommen. Mitterer sagt, dass du nur in Mathe und Englisch geprüft würdest. Mathe sei kein Problem. Für Englisch würde ich euch beide einen Monat nach Johannesburg einladen. Michi könnte sich ganz erholen, Peter könnte bei einem Lektor detaillierte Prüfungsvorbereitung treffen. Dieser Lektor ist wie Mitterer ein PS-Vertreter oder Verkäufer. Sie werden für jeden geworbenen Kandidaten bezahlt. Das ist eure Aufnahme-Garantie! Mitterer sagt, er werde dir einige Mathe-Musterprüfungen und die Englisch-Anforderungen durch seinen Sohn noch diese Woche bringen lassen."

13

Bad boys

Peter überredete Michi, ohne Wächter in seinem Bett zu schlafen; die beiden Badzimmertüren bieten bei Bedarf sofort Kontakt. „Du musst dich allmählich gewöhnen. Nach einer Woche bist du wieder allein."

Michi hatte bis 5 Uhr gut geschlafen. Dann stand er auf und bat bei Peter um Unterschlupf, eigentlich ohne Krise. Peter rutschte einfach zur Seite; Michi gab ihm einen kleinen Kuss auf die Wange, Peter erwiderte und wollte weiterschlafen. Michi konnte den Griff nach unten nicht lassen, zuerst bei sich, dann auch den ‚Übergriff' zu Peter nicht.

Peter: „Too tired. Do it yourself." Michi zog brummend zurück.

Nach dem Frühstück planten sie den Vormittag. Es war zu kühl zum Baden. Sie wollten ihr Gespräch mit Peters Eltern vorbereiten, denn sie hatten gehört, dass sie beide eingeladen seien.

Michi bestätigte, dass ihn Peters Mit-Studium freue. „Aber dort will ich nur einen Nothelfer; ich werde dich nicht betreuen. Es muss sich jeder selbst seinen Platz in der Schule erkämpfen."

„Du wie bei Steini den ersten, und in zwei Jahren hast du mich ohnehin überholt."

„Das alles dürfen wir heute nicht zur Rede bringen. Wir müssen fast nur schweigen: Ja, wir wollen in England studieren, fertig. Internat oder Externat? Einer- oder Zweierzimmer? Welche Games? Wahlfächer? Alles das wissen wir noch nicht, lassen wir uns nichts festlegen." Peter pflichtete bei, ergänzte nur: „Ich brauche ein zweites Ja." „Wofür?" „Für die zusätzliche Scheissprüfung für Arme."

„Das ist doch für dich ein Kinderspiel, ausser Englisch, wo man viel Geduld haben wird. Also zusammenfassend: ich ein, du zwei Ja."

„Käme noch eine zweite Planung: Wir müssen deine Leseliste für Englisch festlegen."

Das ging friedlich, denn einiges war klar:

Michael Campbell: Lord Dismiss us (eine tolle Schul-Liebesgeschichte)

James Barry: Peter Pan

Oscar Wilde: The picture of Dorian Gray

Agatha Christie: The Mousetrap

Hugh Walpole: Jeremy at Crale (Schulfassung)

Mark Twain: The Prince and the Pauper

Patrick Redmond: The Wishing Game

„Ich würde Mitterer eine provisorische Liste unterbreiten und dann lieber auf seinen Rat hören."

Am späteren Nachmittag war der Wind eingeschlafen, Michi hüpfte schon im Gang und winkte Peter mit Noahs Heftchen. Sie gingen nach der Dusche gleich unter die Trauerweide, legten sich nebeneinander und wählten jeder sein Heft. Peter suchte natürlich nach dem Titel „Big Dicks", Michi suchte Sucking-Szenen: Züngeln, in ganzer Länge schlucken, den aktiven Kopf im gewünschten Tempo vor sich leiten, mit linker Hand Eier streicheln, dann weiter zur Massage der Rosette ...

Michi bat um eine praktische Übung.

„Not my thing."

„Why not?"

„Keinen Appetit auf deinen Schleim."

„Aber ich auf deinen."

„Du erstickst, bevor der kommt."

„Bad slave!"

„No sucking, no fucking with him! Never!"

„Was soll denn das Scheissbüchlein mit deiner Schwanz-Kollektion?"

„Deins ist für süchtige Schüler. Meins für träumende Feinschmecker. Du willst es erzwingen. Ich will warten. Das nächste

Mal wird sicher nie das Schönste: Erst wenn keiner will und jeder einfach muss …"

„Jetzt tauchst du. Ich verstehe nicht."

„Warten ist die grösste und dümmste Kunst."

„So, nun sind wir für heute Abend entmutigt."

14

Schulpläne

Peters Eltern, die Lady und Dr. Erkenz, Rektor Mitterer und Dr. Wallner sassen im Esszimmer bei Kaffee und Kuchen. Als Noah um 14.30 Uhr mit den zwei Burschen kam, herrschte schon wartende Ruhe; das beruhigte besonders Peter, denn damit schien der Osterstreit vom Tisch zu sein.

Dr. Erkenz fasste die Ergebnisse des Gesprächs zusammen und nannte die Entscheidungen, die nun Peter und Michi zu treffen hatten:

„Als erstes müssen wir für die Anmeldung euer definitives Einverständnis mit dem Schulbesuch im kommenden Schuljahr haben."

Michi und Peter antworteten mit einem etwas trockenen Ja.

„Für die Schulorganisation wäre es erwünscht, wenn ihr die folgenden Fragen entscheidet:

Wohnen im Schulbereich oder extern?"

Beide antworteten mit Achselzucken.

„Dr. Wallner empfiehlt aus medizinischen Gründen das Internat.

Einverstanden?"

Zwei Ja.

„Intern gibt es Einer- oder Zweierzimmer. Wir empfehlen euch naheliegende Einzelzimmer. Einverstanden?"

Zwei Ja.

„Wollt ihr die Wahl der Frei- und Sportfächer erst mit dem Klassenlehrer treffen?"

Zwei Ja.

„Die wichtigste Frage geht an Peter: Während sich Michi in den Ferien erholen kann, fällt für dich – sofern du einverstanden bist – die Vorbereitung der Scholarship-Prüfung an. Auch diese

Frage darfst du mit Nein beantworten; ich habe nämlich beschlossen, in jedem Fall die nötige Summe Schulgeld für fünf Jahre als blockierte Summe zu hinterlegen. Wenn ich dir dein Einverständnis empfehle, so nicht bloss wegen der ausfallenden Kosten für mich; der Prüfungserfolg wird dich auch befreien vom Gefühl, auf fremde Kosten zu studieren und dich mit Dankbarkeitsschuld zu belasten.

Hast du nachgedacht und dich schon entschieden?"

„Ja, Prüfung."

Man hörte Mutters erleichtertes Atmen, und dann gab es diskreten Beifall der ganzen Corona.

„Damit können wir das Weitere – mit herzlichem Dank – Rektor Mitterer übergeben; er wird seinen Sohn mit den Prüfungsunterlagen schicken und die Vereinbarung mit dem Tutor in Afrika treffen. Wenn ihr euer Stück Dessert ebenfalls verzehrt habt, wird euch Noah wieder heimfahren."

Noah flüsterte Peter ins Ohr: „Danken". Peter war wie erlöst, reichte Dr. Erkenz und Rektor Mitterer spontan die Hand mit einem herzlichen Dank.

Peter und Michi gingen dran, die Leseliste vor dem Abendessen zu vervollständigen. Und beide waren erstaunt und zufrieden, wie sie ihre erste Schweigelektion bestanden hatten.

Erstmals schlief Michi die Nacht ohne Besuch oder Medizin durch.

15

Beautiful boys

Nach dem Frühstück empfahl ihnen die Schwester ein sorgfältiges Bad im Hinblick auf die Boutique mit dem Umziehen. Und das Haar-Shampoo sollten sie auch aus dem Zimmer mitnehmen.

Das diente nicht gleich der Reinigung. Nach der Dusche und kurzem Schwadern eilten beide unter die Trauerweide, nicht um zu trauern, sondern das diskrete Umziehen zu üben. „Eine wichtige Vorsichtsmassnahme", meinte Michi. „Immer jeder für sich! Wie peinlich, wenn wir beim Umziehen unter Vergrösserung leiden und einem jungen Azubi zu viel Freude machen! Modeverkäufer sind eh schwul und scharf auf uns."

In der Modeboutique
„So, da wären also die zwei Schlossherren von der Insel", empfing sie der Verkäufer. „Wir haben uns für euch eine Matrosenvariante ausgedacht. Je in drei Hosenlängen: bein-, knielang und Badeslip.
Beginnen wir bei den Hosen. Michi, trägst du rechts oder links?"
„Was trage ich wo?"
„Ach weisst du, jeder professionelle Herren-Tailleur muss wissen, ob sein Kunde seinen Penis rechts oder links versorgt."
Michi rief: „Rechts", sein Kontrollgriff erinnerte Peter an Michael Jacksons Hodengriff und er besorgte seine Überprüfung ebenfalls. „Ich trage links."
„Dann gehört Peter zur Mehrheit. Der Franzose sagt ‚L'homme porte à gauche'. Nun holen wir für jeden die drei passenden Seiten.
Verkäufer und Azubi brachten jeder drei Teile und übergaben sie zur Anprobe. „Die Stücke sind in der Hüfte ziemlich eng

geschnitten; daher würden eure Slips mit ihren Nähten stören. Probiert also nackt und legt euer Ding an der angegebenen Seite in den Plastik-Seitenbeutel."

Die Anproben bedurften einer Ergänzung. „Ihr wisst, dass Burschen sich oft die Hosentaschen ausschneiden, um sich den Zugang zu erleichtern. Dem kommen wir so zuvor, dass auf der Seite, wo ihr trägt, ein feiner Reissverschluss den eigenen oder fremden Händen Zugang bietet."

Michi probierte eifrig; Peter war unsicher. Er war nur gewohnt, mit Mama keusch einzukaufen, und ihr erster Blick galt immer dem Preisschild. Der Blick in den Spiegel war diesmal eine Augenweide für jeden Spanner.

„Wenn Vater mich sieht, landen die Hosen im Abfalleimer." „Mitsamt dir", ergänzte Michi, und Peter: „du im Sondermüll."

Die T-Shirts gaben wenig zu reden und bei den Gilets kamen ihre gertenschlanken Linien geradezu reizend zur Geltung.

„Aber nur, wenn ihr schön sonnengebräunt seid", ergänzte der Verkäufer. „Wir werden uns alle Mühe geben."

Noah kam zurück, zückte die Karte und mahnte zum Besuch beim Coiffeur.

Hier war die Wahl quälender. Sie entschieden sich für je zwei kleine Haar-Hörnchen seitwärts, was bei Peters schwarzen Haaren neckisch wirkte, bei Michis blonden eher flach. Michi entschied sich schweren Herzens zu einem auffälligen Mittelscheitel.

Dasselbe Problem bei den freien Achseln; Peters schwarze Achselhaare stießen dank einem Spezialspray schön hervor, Michis nicht. Peter meinte zum jungen Gehilfen: „Diesen Spray könnte ich ja auch noch anderswo einsetzen." Der Jüngling fuhr mit dem Zeigefinger zur Lippe und steckte ihm das Döslein in die Hand.

Die Lady hatte gewünscht, die Burschen beim gemeinsamen Mittagsmahl in Kleidung und Frisur zu begutachten. Sie fand die Uniform ein bisschen provokativ, die Gilets dank Hautfarbe und der gertenschlanken Figur elegant, doch was fehlte, war eine Uhr für Peter. Sie schlug Michi vor, ihm eine zu leihen, er habe ja mindestens sechs. Peter erhob Einspruch, die Lady ergänzte: „Eigentlich könntest du ihm eine schenken." Peter war entsetzt, Michi hörte in den Obertönen schon die Aussicht auf eine neue siebente.

„Er wird ja wohl nicht so blöd sein, und mir eine Uhr schenken; ich schäme mich ja schon in der fremden Uniform."
Die Lady erledigte das Geschäft: „Macht das Uhrengeschäft heute Nachmittag miteinander aus."
Dann sprach man noch ein wenig bedrückt von der Röhre, versuchte zu verharmlosen.

Michi kam um 15 Uhr zurück. Er erzählte ganz vorwitzig, er hätte den Techniker gefragt, wie man da aus dieser Röhre wieder herauskomme. „Die meisten kommen tot heraus, aber bei dir machen wir eine Ausnahme. Nur die starken Geräusche werden dich stören. Du musst unbedingt ganz bewegungslos liegen bleiben, sonst müssen wir wieder von vorne anfangen."
Alles lief problemlos, Noah konnte nach einer halben Stunde die Diskette abholen und sie direkt Dr. Wanner bringen.

Sie wollten unbedingt nochmals ins Bad. Der Teufel stach sie, die Slip-Variante zu prüfen. Sie sassen hauteng, der Po kam zur Geltung, die Vorderansicht enttäuschte Michi. „Siehst du da irgendetwas Auffälliges?"

„Wie sollte ich? Bei deinem Dünnschwänzchen und deinen ‚Balls' wie Wachteleier."

„Warte, ich werde nachhelfen." Drehte sich um und musste nach drei Minuten die Spitze seiner Stange mühsam im Käfig unterbringen. Beide lachten, aber Peter meinte, in der Schule müssten sie bei der Präsentation im Slip etwas reduzieren. Er könnte beim Duschen dafür kompensieren. Er zog den Slip aus, holte im Zimmer das Döschen, von dem Michi noch nichts wusste, und kam – wie beim Azubi angedeutet –, mit zwei schwarzen Teufelspitzchen zwischen den Beinen.

16

Grand Hôtel

Beim Apéro in Michis Zimmer erteilte Noah letzte Anweisungen:
„Kinderlein, unanständig will gelernt sein, nicht nur schamlos! Also: Erst aussteigen, wenn ich die Tür geöffnet habe – nicht danken, kein Abschied vom Chauffeur, die Treppenmitte langsam ersteigen, beim Haupteingang auf den Boy warten, mit Dr. Erkenz anmelden und euch die reservierten Plätze in der Lounge anweisen lassen. Nicht danken! Zum Apéro keinen Alkohol. Nicht als Erste in den Speisesaal gehen; dort genau gleich auf Platzanweisung warten. Nehmt euch viel Zeit zum Auslesen. Wählt zwei Vorspeisen und esst langsam. Nichts ist peinlicher, als zu früh durchs Programm zu sein."

In genau diese Peinlichkeit liefen sie. Enttäuscht stellten sie fest, dass man sie kaum beachtete. Der Gesprächsstoff ging aus. Michi schlug vor, auf Englisch bis 100 zu zählen. Und als sie ausgegessen hatten, war noch nicht einmal der Moment gekommen, wo die Damen – meist zu zweit – die Toilette aufsuchten. Sie telefonierten Noah herbei, der sie schalte, weil sie sich beim Hochgehen an der Eingangstreppe die Händchen gereicht hatten …

Der Donnerstag war als freier Badetag geplant. Die Schwester hatte vergessen, ihnen den angesagten Krankenbesuch von Rektor Mitterer zu melden. Michi hüpfte ohne anderen Gruss, als mit einem horny Ächzen bei Peter unter, warf mit der rechten Hand die Decke zurück, die linke stemmte schon den Schwanz und die frei gewordene rechte griff in das Eiernest.

Er überraschte Peter nicht, störte nur seinen gemächlichen Rhythmus, der selbst mit beträchtlicher Beschleunigung, wie immer mit süsser Verspätung, die kollektive Bett-Einnässung einzuholen gedachte. Nach Michis Vorsprung dessen ungewohnter

Kuss, die Verlagerung auf Peters nähere Seite und ein überraschender Griff zu seiner Rosette mit einem inzwischen eingesamten Zeige- und Mittelfinger.

Aber Vorsicht. Michi wusste, dass Peter den Höhlenforscher zum Orgasmus begrüsste, aber sonst dort unten nichts Ergreifendes ertrug.

17

Mitterer

„Ein Morgen, wie er sein soll!", rief Michi, als eben die Schwester mit der Nachricht kam.

Rektoren kommen immer zur Unzeit.

„Für mich kommt keiner", heuchelte Peter jammernd. „Ich bin dann in meinem Zimmer."

„Er wird dich sehen wollen, der Neugierling, und ich werde dich holen, wenn er nach dir fragt. Ich bin überzeugt, was du hier tust, wundert ihn mehr als meine Krankheit."

„Gut, wenn er nach mir fragt, komme ich. Dann übe ich das von dir erlernte Schweigen."

„Wir dürfen ihn nicht ganz vergrämen. Er ist für die Public School zu wichtig."

Mitterer kam pünktlich, und nach ein paar Formalitäten fragte er nach Peter.

„Er ist in seinem Zimmer und wollte nicht stören", sagte Michi.

„Sag ihm, wir müssen aber heute ein paar Schulfragen klären."

Peter kam, von Michi herbeigeholt, und setzte sich in einen Fauteuil.

„Ich gehe davon aus, dass ihr beide mit Schulbeginn wieder dabei seid."

„Wo sitze ich, für den Fall …" (er wollte neben Peter sitzen)

„Du wirst beim hinteren Türausgang sitzen. Dort kannst du jederzeit aufs Sekretariat und die Schwester rufen lassen. Notfalls wird sie Dr. Wallner rufen. Es ist also für alles gesorgt."

„Und Peter?"

„Er sitzt ja neben dir, aber wenn wir Fachleute brauchen …"

Michi war im Gespräch immer ungehaltener geworden. Peter fürchtete, die Stimmung könnte kippen. Der letzte Satz hatte gerade noch gefehlt. Michi fiel im Sofa seitlich weg, zitterte und atmete unregelmässig. Mitterer stand erschrocken, verlegen und bleich auf. Fragen war sinnlos, Michi konnte offenbar nicht mehr sprechen.

Peter hatte mit einem Zusammenbruch gerechnet. Er ging sofort zum Sofa, richtete Michi auf, hob ihn unter den Achseln und trug ihn zu seinem Fauteuil, wo er sich setzte und Michi bäuchlings auf sich zog, den Kopf in der Achselhöhle, und gleich mit dem sanften Massieren des Rückens begann.

Mitterer rannte in den Gang, rief um Hilfe, die Schwester kam, Noah hatte schon nach Dr. Wanner telefoniert und entledigte sich Mitterers: „Ich kann Sie gleich aufs Land fahren und dort Dr. Wanner abholen." Mitterer fragte sich insgeheim, wann er zum letzten Mal so elegant wegkomplementiert worden sei.

Der Anfall war stark; Peter legte Michi ins Bett. Wanner gab ihm eine Spritze. Die Nacht war unruhig. Peter wachte im Fauteuil neben ihm, nahm manchmal seine Hand, strich über seinen Unterarm, mehr als das übliche, sodass die Schwester in Peters Zimmer blieb und bei offenen Türen einsatzbereit war.

18
PIZZA ALLA CRISI

Michi war bald erholt. Peter schlug für Montagabend ein Pizza-Essen in der Türmlibeiz vor. Das Wetter war günstig, sie wählten nochmals die Matrosenuniform.

Kaum hatten sie ihre Pizze bestellt und das Cola vor sich, als Peter bemerkte, wie Michis Glas zitterte. Er eilte zur Theke, um Strohhalme zu holen; dann ging er zum Pizza-Ofen und sagte dem Pizzaiolo, er möge die eine ohne Rand und in kleine Stückchen zerschnitten servieren.

Es war zu spät. Wie er zu ihrem Tisch kam, kippte Michi zur Seite. Eine Dame konnte ihn eben noch auffangen; Peter nahm ihn in die „Tigerlihaltung" (zum Erstaunen der Gäste!); eine Dame hielt Michi ein Parfum-Tüchlein unter die Nase, während Peter mit einer Hand die üblichen Notfall-Nummern aktivierte. Noah sagte, er sei im Städtchen und bringe Michi sofort zu Dr. Wallner; dieser sagte, er habe die Ambulanz schon informiert, und die Schwester hoffte, sie würden Michi in der Klinik behalten, wenigstens für eine Nacht.

Vor der Wegfahrt zur Ambulanz hatte Dr. Wanner festgestellt, dass Michi diesmal seltsame Bewusstseinsstörungen aufwies.

Die Untersuchungen bestätigten dies; sie liessen aber am anderen Morgen feststellen, dass alle Reaktionen wieder normal seien und Michi am nächsten Tag entlassen werde.

Prof. Kurmann und Dr. Wanner schoben die Krankenakte in ihre Mappen und Kurmann sagte: „Vergessen wir mal die Wissenschaft. Ich bin verunsichert. Michi ist unberechenbarer geworden. Der Bursche hat alles, was er nicht braucht, erreicht alles, was er nicht will, erbost die Menschen, die er liebt … heimatlos, emotional ein Findelkind. Wer weiß, wie dies zu heilen ist!

Peter macht mir wenig Sorgen. Er hat Bodenhaftung, Stabilität im Hass (Sigi!), Plan-Realismus und Einsicht in die eigenen Schrullen."

Der Pizza-Abend beeinflusste die Schulplanung. Am Wochenende vor Schulbeginn sagte Mitterer eine Sitzung der Schulleitung an. Dabei waren auch der Präsident des Schulrates, der Schularzt und Klassenlehrer Steiner. Einziges Traktandum: Michi und Peter. Mitterer schilderte die Situation: Peter muss bereits Anfang Juni zur Scholarship-Prüfung antreten. Vorher gehen beide für vier Wochen nach Südafrika, Peter für ein Literatur-Tutorat und zur Aufbesserung der Englischkenntnisse, Michi aus familiären und gesundheitlichen Gründen. Mitterer fürchtete bei Michi wiederholte unberechenbare Anfälle. Peter könnte die drei Wochen sinnvoller für die Bearbeitung der Leseliste einsetzen. Sein Antrag: Die beiden am ersten Schultag antreten lassen und ohne Aufsehen verabschieden. Dr. Wanner ging etwas näher auf Michis Gesundheitszustand ein und schilderte, wie wichtig für Michi bei Anfällen Peters Anwesenheit sei.

Mitterers Antrag wurde einstimmig angenommen; er informierte unverzüglich die Eltern der Burschen mit der Bitte, Michi und Peter vor Schulbeginn noch nichts zu sagen.

19
Umkleide inkl. Rückblick

Peter und Michi traten in der Matrosenuniform mit knielangen Hosen zur Schule an und nahmen etwas befremdet ihre ungewohnten Plätze hinten bei der zweiten Türe ein. Der erste Tag nach Ostern war immer der Termin für die Abgabe der Klassenfotos, jeder erhielt ein Kuvert mit der Anzahl bestellter Klassen- und Einzelfotos. Die meisten hatten ein Klassenfoto und zwei Selbstporträts bestellt. Kaum einer wagte, zusätzlich das Bild eines Mädchens oder eines besonderen Freundes zu bestellen. Weder Michi noch Peter öffneten ihr Kuvert, sondern schoben sie eher verächtlich und unbedeutend beiseite.

Als nächstes wurden Peter und Michi zur Überraschung aller aufs Rektorat gebeten. Dort eröffnete Mitterer die Neuigkeit von der sofortigen Schuldispens. Er bat sie um Diskretion in der Klasse, verabschiedete sie höflich und bat sie um unauffällige Verabschiedung von Herrn Steiner.

Michi war so ermuntert, dass er den rechten Hosentaschen-Reissverschluss öffnete und auf Michis linke Hand deutete. Michis Zettel: too risky.

Während dem Unterricht warteten sie nur auf das nachmittägliche Knabenturnen, heuchelten aber ein bisschen Aufmerksamkeit. Die Fotos beschäftigten die ganze Klasse in der Pause und verdrängten die Neuigkeit des Rektorats.

Im Umkleideraum fiel ihr edler Frühsommer-Teint sofort auf und führte zu boshaften Bemerkungen.

„Nur Hosenscheisser haben braune Ärsche."

„Arme Leute können sich keine Badehose leisten."

Als sie nach dem Duschen ihre Matrosenslips vorzeigten, war die Reaktion verlegener. Ihre Dinger waren so auffällig, dass es unanständig war, zu genau hinzusehen. Michi hatte es nicht lassen können, seinem Ding schnell Zusatzmasse zu schenken, was bei seiner von Peter oft kritisierten Reaktionsgeschwindigkeit wie ein pfiffiger Trick wirkte. Die Strafe für Michi überraschte ihn selbst: Aufgeblasen ist leichter als entlüften. Sein Boner liess sich nicht ganz unauffällig in die Hose ohne Unterwäsche einbiegen.

Dass Joe und John sich unauffällig gaben, erstaunte Peter nicht. Er war der Geheimnisträger von deren Pausen-Tätigkeiten, und er vermutete, dass sie sehr wohl wussten, warum er stur den unbeliebten vordersten Türenplatz verteidigte. Ihm war ja längst aufgefallen, dass sie zeitlich ein wenig gestaffelt jede Pause nutzten, um dem Schulzimmer durch die Hintertüre zu entfliehen. Johns „schwache Blase" jagte ihn sofort in die hinterste WC-Kabine, Joe verschwand in der Nähe. Peter wusste, dass die Spülung in Nr. 7 jeweils ein geiles Stöhnen überdeckte.

Einmal fasste er den Mut, beim Hausmeister so ganz nebenbei nachzufragen. Der grinste: „Geh' mal in das Besenzimmer hinter Nr. 7, suche das Sesselchen und beachte das korkenverstopfte Wandloch in Zwischenbeinhöhe in flottem Penis Ausmass. Ich geb' dir mal den Schlüssel, will ihn aber übermorgen wieder zurück. Beim zweiten Besuch war mir alles klar: John öffnete die Rundung und füllte sie mit seinem durchaus sehenswürdigen Prügel. Joe setzte sich hin und sammelte den Auswurf, John liess die Spülung rasseln, damit das Stöhnen, das Korken-Einsetzen und das Räumen der Besenkammer nicht hörbar waren."

„Und Sie haben nichts unternommen?"

„Ach, dann hätten sie höchstens den Werkplatz geändert und mich mit Streichen bestraft. Wenn sie's mal tun, tun sie's ja eh. Oder hast du noch nie?"

Peter grinste: „Doch, aber höchst selten und immer ganz allein!"

Er ging und hörte noch ziemlich weit ein rachentiefes Lachen.

20
Not beautiful?

Daheim war wie eine Erlösung: Ende Schule und für Peter Zeit zum Lernen.

Aber auch noch für eine Peinlichkeit: die Fotos. Er rief Noah an und bat ihn dringend, ihm zwei Fotos von Michi zu kaufen, in etwas grösserem Format.

Um 18 Uhr lagen sie in einem Umschlag auf seinem Pult. Er rief ihn an, dankte und fragte nach dem Preis. – Gratis. Dann vergewisserte er sich, dass Michi nicht da sei, legte sein Foto und eines von Michi nebeneinander. Den Kopf in den Handballen schaute er von einem zum anderen, als wollte er zwei Tarotkarten interpretieren.

Schließlich griff er zur Schere; es war unerträglich: Michis hellblaue Augen neben seinen gesprenkelten Dreifarbenglotzaugen. Und Michis weisse Zahnreihe in gleichen Abständen.

Wie mit Wildtierbissen schnitt er auf sein Gesicht ein; die Puzzle-Fetzen mischte er durcheinander und legte sie in ein Kuvert. Schon wollte er es zukleben, da fand er, sein Entschluss sei eines Abschiedswortes würdig.

Doch was schreiben?

Er hatte dieser Tage in Oscar Wildes „Das Bildnis des Dorian Gray" das Treffende gelesen:

Lieber schöner Michi,

„nur seichte Menschen urteilen nicht nach dem Äusseren"
(Wilde)
Ich bin für dich nicht zumutbar.
Morgen gehe ich heim. Wenn du krank bist, bin ich immer da.
Dein hässlicher Peter.

Er faltete seinen Brief, schob die Puzzleteile dazwischen, legte den Umschlag auf Michis Pult. Dazu die Notiz: „Erst morgen öffnen!"

Nach dem Abendessen spielten sie eine Weile und zogen sich in ihre Zimmer zurück. Peter schlief schlecht. Insgeheim fürchtete er, Michi halte sich nicht an die Anweisung und eröffne den Streit noch am gleichen Abend.

Am Morgen fand er auf seinem Pult ein feines Kuvert. Er öffnete es und fand auf einer vornehmen Korrespondenzkarte sein Bild aus den dutzenden Puzzleteilen fein zusammengeklebt. Auf der Rückseite stand: „Peter, wie er mir gefällt. Lord Henri ist ein Trottel."

Peter kamen die Tränen, und er schämte sich zu sehr, um zu Michi hinüberzugehen.

Noah rief an und sagte, er müsse vor dem Frühstück kurz zu ihm kommen. Noah wohnte auf der rechten Seite, einen Stock höher als die Lady.

Noah sass schon mit Michi zusammen; Michi lächelte, Noah schien die Sache ernster zu nehmen.

„Hast du Michis Karte gesehen?" Ein gedrücktes „Ja" war die Antwort von Peter.

„Wir finden dich längst schön genug, haben aber zwei Beschlüsse gefasst: Jeder moderne Optiker verfügt über Linsen in Augenfarben nach Wunsch. Heute gehen wir zum Optiker und wählen aus.

Um 11 Uhr erwartet uns der Vertrauens-Zahnarzt unseres Hauses, nimmt die nötigen Abdrücke vor und wir vereinbaren die Sitzungstermine. In zwei Wochen hast du genau die Zähne, die du dir wünschst."

Da kam überraschend die Lady herein und lächelte, fuhr Peter übers Haar: „Du gefällst mir, wie du bist, aber wir wollen dir die Freude lassen. Zähne und Augenfarbe darfst du ändern, aber sonst möchten wir dich so haben, wie du jetzt bist."

Für die Zahnkorrektur benötigte Peter die Einwilligung der Eltern. Er holte sie telefonisch. Der Vater gab den Anruf kommentarlos an die Mutter weiter. Man spürte, dass es sie wie ein Vorwurf schmerzte. „In Schlössern kann man sich solche

Torheiten leisten. Wir könnten es nicht. Und wenn du es deinen Lebtag lang so treiben kannst, treibt dich der Wind immer weiter von daheim weg. In Gottes Namen, lass dich verschönern, wenn du meinst."

Nach dem verspäteten Frühstück reichte die Zeit noch für den Arbeitsplan: 9–11 Uhr Arbeit, zwei Stunden baden, 14–16 Uhr Arbeit, baden bis Sonnenuntergang. Abend frei.

Peter konnte es nicht lassen, nach den Betätigungen im Baderevier zu fragen. Er fürchtete eine Gegenleistung … Michi grinste. „Das wirklich Gewünschte bietest du ja eh nicht."

„Ich könnte mich ja zeitweise von John und Joe vertreten lassen."

„Nee, Mann, lieber nichts als deren Schwengel drin, und lieber ins Leere als in solche Ärsche spritzen."

„Geschmack kann man dir nicht ganz absprechen."

Zehn Tage später fuhr Noah mit beiden zum Fotostudio und liess beide erneut aufnehmen. Peter gefielen seine schwarzen Augen; die Zähne waren schön und wohlgeordnet, aber halt immer noch etwas kleiner als Michis. Und als zwei Tage später am Morgen beide Fotos goldgerahmt nebeneinander auf dem Pult standen, war er zufrieden.

21

Drüben Leere …

Das Gespräch bei Prof. Kurmann brachte nichts. Er riet ihnen, sich nicht ganz einzunisten, wenigstens die ganze Insel zu erforschen (Peter dachte an Viktors Hagestolz, dem nichts anderes übrig blieb), und regelmässig kleine Ausflüge mit Noah zu planen. Peter unterbrach ihn: „Und dann wie bei der Pizza immer Ärzte und Ambulanz im Schiff; dabei geben Sie mir nicht einmal für den Notfall Medikamente. Ausflüge vorläufig nur noch ohne mich. Schicken Sie uns wenigstens Wanner."

Kurmann liess sich – wie alle Psychologen, was die Patienten ja so ungehalten macht – nicht aus der Ruhe bringen. „Ich meine nicht grosse Reisen, sondern kleine Besonderheiten." Er warnte Michi vor zu viel Planung. Was auffiel, war der schnelle Themenwechsel, fast immer an Michi gerichtet; als wüsste er etwas, fürchtete etwas. Michi erwies sich als reaktionsschnell und fiel auch nicht aus der munteren Laune, sondern erzählte ohne Boshaftigkeit die Sache mit der Augenfarbe und den Zähnen.

„Warum haben Sie nicht nachgefragt?"

„Weil Blick und Verdauung interessanter sind als Augenfarbe und Zahnstellung."

„Wenn Sie mal keine Ausrede haben!"

Kurmann schien alles zu ertragen, und doch kritzelte er manchmal in sein Heft.

Sie gingen wenig belehrt nach Hause, warfen die Kleider in die Zimmerecke, um das zerredete Bad nachzuholen. Es war schon fast richtig heiss, und Peter meinte, die Sonnencreme-Zeremonie sei allmählich überflüssig und ihr Gesäss braun wie die Oberschenkel.

„Für den Hintern, meinetwegen, aber für das Vorderduo, Dick und Balls, wäre es doch schade um die verlorene Gegenleistung! „Also musst du anfangen und sanft arbeiten bis zu meinem Abwurf..."

„Und dann komme ich bis zum Handballenkrampf..."

Sie einigten sich auf regelmässige Abwechslung. Dann kamen Dusche und Schwimmen, wo Michi gleich nochmals kam, und wenn sie ihre abendliche Bett- und die Morgenlattenübung dazuzählten, war es ihnen nach ein paar Tagen doch etwas zu viel.

Am Montag der zweiten Ferienwoche hatte Peter seine dritte Mathe-Probe-Prüfung fehlerlos bestanden. Er schloss die ganzen Mathebücher in eine Schublade und machte zwei Literatur-Stapel: einen mit den durchgearbeiteten Werken, daneben die verbleibenden vier. Michi hatte bei Peter nicht so viel Eifer erwartet; in der Schule war er ja der Minimalist, der dank Schlagfertigkeit und treuem Kurzzeit-Gedächtnis immer wieder erstaunlich gute Ergebnisse erreichte. Sie beschlossen, den Dienstag als Feiertag einzuschalten.

22

Zwei Briefe

Das hätte einen ganzen Tag baden bedeutet, aber am Morgen rief ihn die Mutter an, es sei für ihn wichtige Post gekommen, und er solle über Mittag kurz vorbeikommen. Peters Fragen blieben unbeantwortet, die Neugier umso grösser, und umso klarer der Hinweis, die Sache vorläufig für sich zu behalten. Sie badeten also den ganzen Morgen, Peter enthielt sich, wollte er doch fit erscheinen. Um elf Uhr holte ihn Noah zur Heimfahrt ab.

Von Dr. Erkenz lagen zwei Briefe vor, einer an Peter. Die Eltern hielten sich an Dr. Erkenz' Weisung und überliessen es Peter, seinen zu öffnen.

„Es sind schwerwiegende Neuigkeiten", warnte ihn die Mutter.
„Öffnen! Sonst spinne ich allem Elend nach!" Der Brief war kurz, aber irgendwie alles umwerfend: Die Lady hat die Scheidung eingereicht, will im Sommer Noah heiraten und mit ihm nach England in ihr Castle ziehen, wohin auch ihre ganze riesige Kunstsammlung und deren Verwaltung hinkommen sollten. Das Insel-Gut bleibt vorläufig ganz im Besitz von Dr. Erkenz; über die Dauernutzung sei noch keine Entscheidung gefallen.

„Katastrophe für Michi! Er mag seinen Noah so sehr. Und die Lady ist zwar eine etwas trockene, aber wohlmeinende und großzügige Stiefmutter, beide weg, und er selbst fast das ganze Jahr in England.

Und weiß von allem noch nichts!"

Er verschwieg, was ihm Michi von der Beziehung zwischen Noah und der Lady anvertraut hatte.

23

Kriegserklärung

Peter eilte zu Michi ins Bad und war heillos froh, dass er nichts wissen wollte. Michi schlug für den Abend eine Seefahrt zum Bade-Restaurant vor. „Wir können jetzt nach Mathe unseren Arbeitsplan inklusive Englisch vergessen. Sonst sprichst du nach Afrika besser als ich, und das wäre peinlich. Die Kollegen sollen dich doch als Swiss Boy belächeln dürfen."

„Also bin ich dann der Arsch und du das Genie."

„Der Arsch wirst du ohnehin sein, und das ist fein für mich. Dann kann endlich ich der Tröster sein."

„Wenn du mich trösten willst, gehen wir mit Noah in den Matrosen-Slips um den See. Dann sehen die Gäste, wer von uns der Mann ist …"

„Du ein Mann! Wenn du nicht einmal mich hinten bedienst, wer wird dir ein Bubenlöchlein zumuten?"

Sie warfen einander in den Pool, boten Noah mit Schiff für den späten Nachmittag auf. Er hatte nichts gegen die Slips, aber mit Leibchen als Wind-Reserve.

Michi konnte es nicht lassen, sich vor der Bootsanlegestelle noch schnell des Slips zu entledigen, aufzustehen und sich umzudrehen. Noah reagierte mit einer brutalen Wende, in der Hoffnung, Michi falle ins Wasser. Den Gefallen tat er ihm nicht, er warf sich auf den Slip und weiter draussen zog er ihn an.

„Weisst du eigentlich, Noah, warum wir ausfliegen? Wir feiern das Ende der sorgfältigen Vorbereitung des Modells Mitterer. Wir hatten einen Arbeitsplan. Heute erkläre ich ihn für erledigt. Heute ist der Tag der Kriegserklärung zwischen zwei Kandidaten der Public School. Ich habe noch einen Englisch-Vorsprung, und seine literarischen Werke sind mir vertraut. Er meint, ich helfe ihm.

Das wäre ein unerwünschter Rollentausch: Er hat sich zum Krankenbruder emanzipiert. Die Insel braucht einen Sklaven."

„Du brauchst keinen Sklaven, sondern eine Insel, damit niemandem auffällt, wie arm und einsam du bist. Und damit du es sicher bleibst."

„Dir wird der Spass vergehen, wenn dir ein Krösus wie mein Vater fehlt, kein Schloss dir Bluff erlaubt. Du wirst in England den Pauper von Mark Twain spielen, aber ohne Happy End …"

Noah stand vom Dreiertisch auf: „In fünf Minuten fahr ich weg, wenn diese Kriegserklärung nicht im Friedensschluss endet. Ihr dürft Lausbuben, Sexyboys sein, dürft blödeln, einander verarschen, aber nicht bekriegen. Krieg will ich nicht. Nicht mit mir."

Der Ausflug endete in ruhiger Peinlichkeit. Michi brachte das Boot zum Schaukeln, Peter warf gelegentlich eine Handvoll Wasser.

Noah zeigte nicht, wie aufgebracht er war. Kriegserklärung an Peter in einer ohnehin heiklen Situation. Peter hatte schlechte Karten. Er musste mit der Lady reden. Das konnte ja nicht Peters Zukunft sein.

Das Gespräch dauerte fast drei Stunden. Dann war beschlossen, was sie am Mittwoch, wenn Michi in Karate sein wird, Peter anbieten werden.

24

Die neue Entente

Der streitlustige Ausflug war vergessen, der Mittwoch öffnete die neue Welt für Peter. Eine Welt, die ihm an der Schule neben Michi eine Chance bot.

Das Gespräch begann damit, dass Noah Michis Drohungen darlegte.

Zusammengefasst das Schlimmste: „Ich mach' dich fertig."
Die Lady richtete sich an Peter:
„Peter, du bist über unsere Zukunft informiert. Nun wollen Noah und ich dir mitteilen, welchen Anteil wir dir zugedacht haben. Es kann ja nicht sein, dass du an der Public School unter der Willkür Michis leidest.

Anstelle der Insel mit dem Herrenhaus steht die Villa zwischen Castle und See zu deiner Verfügung. Du kannst dort kostenlos Ferien machen, arbeiten, Freunde einladen.

Unsere gesamte Kunstsammlung wird im Castle untergebracht. Dort richten wir auch ein hochmodernes internationales Kunst-Informationszentrum ein. Zusammen mit unserer Fachbibliothek wird dir jede wünschbare Information zur Verfügung stehen.

Wir laden dich ein, an einem zehn-tägigen Informations-kurs für die Zentrums-Bedienung teilzunehmen. Dies soll dir ermöglichen, neben dem Studium im Zentrum zu arbeiten, wann immer du dazu Lust hast; diese Mitarbeit wird grosszügig vergütet und dich aller finanziellen Sorgen entheben.

Der Kunstsammlung selbst werden wir alle Immobilien (Castle, Villa, Stallungen, Schiffshaus inkl. Boote), den ganzen Landbesitz inkl. See in eine Stiftung zur Förderung der Kunstausbildung überführen.

Wir möchten dich zu einem der drei Mitglieder des Stiftungsrats wählen. Allerdings muss bis zum 16. Lebensjahr ein Jurist deine Funktion begleiten und beglaubigen.

Noah wird noch heute deinen Eltern streng vertraulich die Pläne und Unterlagen überreichen. Du hast natürlich sofort Einsichtsrecht.

Weder privat noch in der Schule darf jemand über deine Position, Kompetenzen und Tätigkeit im Stiftungsrat etwas erfahren.

Wenn du die Unterlagen studiert hast, wirst du uns deine Fragen und Wünsche unterbreiten.

Wir wünschen, dass Michi in der Schule und im Internat auf deine Hilfe im Krankheitsfall zählen darf. Er soll aber kein Nutzungsrecht auf die Villa haben."

25

Drüben zerfällt

Das Gespräch war beendet. In Peters Kopf ging zugleich zu viel vor, er musste wieder wie üblich seine Kunst im langsamen Einordnen üben. Vorläufig drückte er der Lady und Noah die Hand und als er sich von ihnen abwandte –, wischte er diskret die Tränen weg.

Zuerst warf er sich bäuchlings auf sein Bett und versuchte sich zu fassen. Dann beschloss er, am Freitagabend daheim Einsicht in die Unterlagen zu nehmen.

Als er Michi den Besuch daheim ankündigte, sagte ihm Michi, das passe gut, er möge die Gelegenheit nützen und bis Samstagabend sein Zimmer räumen. Die Schwester werde die folgende Woche nutzen, um vor ihrer Abreise die Wohnung zu reinigen.

Er packte am Freitag Kleider und Bücher und bat Noah, sie ihm am Samstag heimzubringen. Er war versucht, Michis Geschenke liegen zu lassen, fand dies aber doch beleidigend. Er wollte ja – auch unter den neuen Gegebenheiten – mit Michi ein gutes Verhältnis pflegen.

Peter las am Freitag die Unterlagen zur Stiftung sorgfältig durch, konnte aber das Ausmass der angebotenen Kompetenzen, Studienmöglichkeiten und das finanzielle Angebot nicht wirklich fassen. Ganz klar wurde ihm aber, dass Michis Drohungen nicht mehr so ernst zu nehmen waren. Er fürchtete allerdings Michis Eifersucht und Rache, mit der er in England rechnen müsse.

Der Vater war von dem Ausmass des Angebots überwältigt und fürchtete Peters Überheblichkeit und Entfremdung von ihnen.

Die Mutter fand sich eher getröstet; denn eines musste man Peter lassen: Er war nie überheblich gewesen und die Dauer seines Grolls war bisher immer absehbar. Er redete ja mit Sigi bereits wieder, als wäre nichts gewesen, und einmal hatte er in Sigis Abwesenheit eine kleine Runde auf dem Fahrrad gemacht, das ihm Sigi schenken wollte.

Peter lernte in der letzten Woche fleissig, obwohl die Prüfungsangst auf das gefährdete Prestige geschmolzen war. Eines Abends fand er im Computer eine Mail von Dr. Erkenz. Sie eröffnete ihm, dass Michi völlig unerwartet den Wunsch geäussert habe, die Wochen in Afrika allein mit Bobo und dessen Mutter zuzubringen. Er möchte Peter doch im Internat unterbringen und verköstigen, das der Sprachschule angeschlossen sei.

Dr. Erkenz bat Peter einzuwilligen. Wie er ja schon wisse, hatte er Michi schwerwiegende Neuigkeiten mitzuteilen, und er würde ihm deshalb in dieser Lage mit kleineren Wünschen gern entgegenkommen.

Peter wartete nicht einmal auf die Meinung seiner Eltern, sondern antwortete sofort mit vollem Einverständnis. Er hatte schon bemerkt, mit welcher Begeisterung Michi Bobos Foto herzeigte. Der hübsche schwarze Boy – für Peter noch etwas kindlich – schien Michi bezaubert zu haben. Das wird ihn über die schlechten Neuigkeiten trösten.

26
Englisch-Kurs

Nach dem langen Flug ging die Visa- und Zoll-Abfertigung für die Business-Klasse schnell. Drei Chauffeur-Dienste warteten auf Dr. Wanner mit Gemahlin, Peter und Michi – und dessen kleiner, schwarzer Freund.

Alle versprachen baldige und häufige Kontakte!

Die English School machte einen guten Eindruck. Peter wurde in der Rezeption eingeschrieben und erhielt Pläne für Wohnzimmer, Schulzimmer und gemeinsame Räume. Ein Boy nahm sein Gepäck und führte ihn zu seinem Zimmer. Es erinnerte an eine französische Studentensiedlung aus den 80er-Jahren: ein Bett mit 95 x 190 cm, ein Wandschrank, am Fenster das Pult, ein Bücherregal, das die Toiletten abtrennte. Peter richtete sich ein und ging zur Mensa: Man sammelte sich im überfüllten Parterre, eine breite Stiege führte Haut an Haut gedrängt zur Mensa, wo an schlecht besetzten Tischen schon Einzelne oder kleine Gruppen auf die Kommilitonen warteten, denen sie Plätze reserviert hatten.

Das Gedränge auf den Stiegen mit unerträglich intensiven menschlichen Ausdünstungen jeden Geschlechts war für Peter unerträglich. Er ging ungeduldig an der Ausgabe entlang und es war ihm so übel, dass er am Ende das Tablett hinstellte und, dem Erbrechen nahe, sich die Treppe nach unten zurückboxte, als hätte er etwas vergessen. Draussen atmete er auf, ging die Strasse entlang in ein offenes Studentenbistro und verpflegte sich.

Nie mehr den Rest des Monats erstieg er die Mensa.

Die fünf Stunden mit dem Mentor (9–11.30 Uhr und 14–16.30 Uhr) je am Montag, Dienstag, Donnerstag und Freitag verliefen monoton mit fast 100 Prozent Vorhersagbarkeit des Ablaufs: Je ein Werk-Ausschnitt, zehn unterstrichene Wörter oder Ausdrücke erklären, dann einen Abschnitt dem Mentor nachbeten, zehn

Textfragen beantworten und am freien Mittwoch und Samstag zu jedem Werk einen kurzen Aufsatz schreiben und am Abend im Sekretariat abgeben.

Der Mentor war unfreundlich, ertrug sein ständiges „Yes, Sir" nicht, qualifizierte Aussprache und Antworten fast immer mit „bad" oder „very bad". Die ersten Mittwoch-Arbeiten gab er quer durchstrichen zurück. Am Freitag stockte Peter in Tränen, der Mentor brachte kopfschüttelnd ein Glas Wasser, er solle draussen trinken und dann wieder antreten.

27

Abendessen im Streit

Am Samstag traf sich die Reisegesellschaft zum Abendessen bei Bobo und seiner Mum. Während die erwachsenen Gäste am Apéro nippten, schrien die beiden Burschen noch im Dach-Pool. Dr. Erkenz fragte Peter nach dem Mentor. Er schilderte den Unterrichtsverlauf und die Qualifikationen. Dr. Erkenz schmunzelte: „Natürlich, ich habe ja die Empfehlung vergessen." Peter stutzte. „Klar, der Mentor wartet auf die übliche Qualifikations-Ermunterung in Form eines mit ca. 300 Dollar gefüllten Umschlags. Ich werde sie übers Wochenende auf dem Sekretariat abgeben lassen."

„Ja, und dann?" „Ein netter Mentor, lobende Worte, und am Schluss eine empfehlende Leistungs-Gesamtbewertung für die Public School in England."

Michi hatte den Rest mitgehört. „Ja, siehst du, mit meines Papas Geld schlängelst du dich durch. Du bist der geborene Ausbeuter."

„Wenn ich daran denke, wie du ihn mit deinen Krisen ausgebeutet hast …"

„Ja, gegen Kost, Logis, Freibad, Uniformen und Goldschmuck", giftete Michi zum Ärger des Vaters. „Und was wird es noch kosten, damit ich dich in der Schule nicht fertigmache?"

Herr Erkenz erhob sich, verbat sich solche Bemerkungen und merkte bei der Gelegenheit an, die Mum habe sich beklagt, dass er mit Bobo trotz Verbot nackt gebadet hätte und sie sie sogar einmal beim gemeinsamen Onanieren überrascht habe.

Bobo brach in Tränen aus.

Michi: „Was ist los?"

Bobo: „Warum bist du so böse? Du hast mir doch gesagt, ihr seid Freunde."

„Sind wir doch! Du nimmst das alles viel zu ernst."

Bobo: „Ich muss mit Peter reden."

Dr. Wanner sah die Krise kommen, und sagte Michi: „Komm ins Zimmer. Du brauchst eine Spritze." Es war totenstill im Salon. Michi folgte Dr. Wanner wie ein Lämmlein. Als sie draussen waren, fragte Bobo seine Mum, ob sie (er zeigte auf Peter) schnell in die Küche dürften. „Ja, aber nur kurz." Frau Wanner hatte bereits ein Taxi gerufen.

Bobo fragte Michi: „Warum ist er so böse?"

„Er ist nicht böse. Wir sind Freunde. Aber manchmal wird er krank und hat Anfälle. Keine Angst. Dr. Wanner behandelt ihn."

Michi folgte Dr. Wanner zum Taxi; Peter wartete mit Bobo, bis sie weggefahren waren. Dann kam Bobo getröstet zurück.

Bald fand die Mum, es wäre Zeit für ihn fürs Bett. Er gab jedem die Hand, Peter und Mum einen Kuss und ging mit Mum ins Bett.

27

Der fatale Plan

Dr. Erkenz überlegte: „Wir drei sollten über ein Problem reden. Michi will im Juli mit Bobo zwei bis drei Wochen ohne Peter auf der Insel verbringen. Geht das überhaupt? Wenn ich ihm absage, dreht er durch."

Schweigen.

Peter: „Wir können warten. Ihn noch hoffen lassen und Prof. Kurmann, Dr. Wanner und Noah einbeziehen. Eins ist sicher: Ohne Noah geht es nicht. Er ist der Einzige, dem er gehorcht."

Dr. Erkenz pflichtete ihm bei. Peter war insgeheim froh, dass er im Institut untergebracht war …

Der Entscheid fiel erst Wochen später: Wenn die Krankenschwester dort wäre, Noah für die zwei Wochen zurückkäme, Peter daheim einsatzbereit wäre, Dr. Wanner und Prof. Kurmann auf Abruf, Peters Eltern notfalls Bobo aufnehmen würden, dann wäre es zu wagen.

Die letzte Woche war für eine Wildtier-Safari reserviert, und Michi durfte aus dem Krankenhaus zurück. Peter durfte in der Schule auf ein seltsam positives Schlusszeugnis warten …

18 Uhr. Alle drei Arbeiten inhaltlich und im Aufbau sehr gut; natürlich gebe es noch Englisch-Defizite. Als hätte der Master noch Gescheiteres zu tun als Peters Reifeprüfung abzunehmen, fragte er lächelnd: „Möchtest du etwa auch noch kurz die 30 Minuten dauernde mündliche Prüfung hinter dich bringen?" „Wenn Sie noch mögen", schmunzelte Peter, „sehr gern." „Gut, beginnen wir gleich." 30 Minuten freundliche Abfrage. „Auch das gut. Auch hier bleiben sprachliche Defizite, die wir im Unterricht bald überwinden werden." Herzliche Gratulation. Um 20 Uhr Abendessen.

Er rief Noah an. Der versprach, ihn um 21.30 Uhr an der Rezeption abzuholen.

Peter berichtete Lady und Noah bei Cola und Kuchen kurz von der Prüfung. Ein kleiner, fast lustiger Bericht, und über die vier Wochen Johannesburg – fast eine Tragödie, was Michi betraf, und eine Komödie der Unterricht beim launenhaften Tutor, der auf einen Umschlag von Dr. Erkenz wundersam einging.

Peter ging nicht ins Detail, denn man erbot ihm, die verbleibenden fünf Wochentage in der Villa zu bleiben und sich das ganze Areal anzusehen. Das hiess Reiten, Bootsfahrten, Baden und natürlich die Besichtigung der Sammlung. Gleich darauf beginnt der technische Einführungskurs in die gesamte Erfassung der Sammlung und die Bewältigung der administrativen Aufgaben der inzwischen gegründeten Stiftung.

Peter legte seine Prüfungsbücher beiseite, ordnete seine Schreibsachen, versorgte Leibwäsche und Kleider im Schrank. Da die Kurstage ausnahmslos im Castle durchgeführt wurden, schien ihm der Kleidervorrat gerade noch angängig.

Noah nützte am zweiten Tag seine Beziehungen und bestellte eine Torhüter-Trainingsmaschine, die Peter auf der Insel vernachlässigt hatte. Die Abschreckung für nicht gefangene Bälle war zu lückenhaft. Hier auf einem zum See aufsteigenden Areal liess sich diese Lücke leicht schließen: Für die im Erstellen von Reit-Schranken erfahrenen Arbeiter im Reiterhof waren Materialreserven und technisch gewandte Mitarbeiter vorhanden. So war Peter beim Training auf keine Helfer angewiesen. Er fand es für die Public School mit ihrem Sportfimmel wichtig, dort einen Platz – wenn möglich bis zum Haus-Eleven zu erkämpfen. Das wäre ein wichtiger Punkt im Wettstreit mit Michis Schul-Ansehen.

Er nutzte täglich das Angebot für eine Reitstunde (hier machte er eher eine brutta figura!), einen Bootsausflug, vor allem aber viel Zeit für die Teilbesichtigung der riesigen Kunstsammlung der Lady.

Als er sich bei den Mitarbeitern im Reitstall über die Langeweile beim Baden beklagte, riet ihm dieser, sich nach Arbeitsschluss ihm anzuschließen. Das sei dann allerdings nicht ganz für Kinder.

Die Ferientage waren vorbei, der technische Einführungskurs begann – mit den üblichen didaktischen Fehlleistungen der Kursleiter: Alles ist selbstverständlich. „Einfach" ist übervertreten im Wortschatz.

Peter war ziemlich rücksichtslos im Nachfragen. Die schwierigsten Stunden waren der Abend, wenn die Fachleute verschwunden waren und treuherzig sagten, es ist nicht schlecht, wenn ihr das alles noch ein wenig selbst ausprobiert. Erst diese Übung garantierte die Beherrschung der Technik. So sassen Noah und Peter meist bis Mitternacht an den Geräten, probierten, fluchten auch manchmal …

Der wahre Teufel steckt in den Suchprogrammen. Solange Künstlernamen, Werktitel, Standort, Daten bekannt waren, ist fast alles zu finden. Porträts warfen selten ein Problem auf. Aber wenn es darum ging, für ein Stillleben ohne Detailangaben Künstler und Ort zu finden, kann das Programm nur mit den Informationen arbeiten, die man ihm bieten kann. Ähnliche Schwierigkeiten boten vermutliche Fälschungen unsicherer Meister, Teilmitarbeiter von Künstlern in gleicher Werkstatt der grossen Meister, berühmte Bilder mit verschiedenen Varianten.

Der Kurs endete nach zehn Tagen. Aber von Katalogisierung der gesamten Sammlung konnte nicht die Rede sein: eine Arbeit für Jahre!

Peter flog in die Schweiz zurück; Noah folgte – mit Widerwillen – Anfang Juli, zur Ankunft von Bobo und seiner Endverpflichtung auf der Insel: zwei Wochen „Kindergarten" mit den zwei Burschen.

28

Die Katastrophe

Peter tat es weh, nicht einmal zur Begrüssung der Burschen drüben antreten zu dürfen. Noah besuchte kurz Peters Familie und besprach mit ihnen, wann Peter und seine Mutter während der zwei Wochen erreichbar wären. Sie hatten Dr. Erkenz ihre Präsenz versprochen und verzichteten auf Ausflüge.

Noah rief Peter an und war mit dem Betragen der Burschen sehr zufrieden. Sie kleideten sich bei Ausfahrten angemessen und schworen, nicht nackt zu baden und abends jeweils spätestens um 22 Uhr zu Bett zu gehen. Bobo wusste, wie er am einfachsten die Schwester holen könnte, wenn Michi eine Krise hätte. Und Michi versprach, sofort von seinem Bett aus Noah anzurufen, wenn er Anzeichen eines Anfalls spürte. In England warteten die Lady und Berge von Arbeit, und auf der Insel war er eine Woche im Schlaraffenland …

Nachts um ca. Mitternacht rief Michi Noah an und schrie ins Telefon, Bobo sei verschwunden. Er habe im ganzen Haus, am Teich und im Badegelände gesucht.

„Geh sofort in dein Zimmer zurück, ich alarmiere." Er hatte am ersten Tag auf seinem Handy vorsichtshalber eine kollektive Notruf-Nummer für die Schwester, Dr. Wanner, Prof. Kurmann, die Orts- und Seepolizei und den Seenotdienst eingerichtet, aktivierte sie sofort und repetierte in zwei Sätzen den Alarm: „Insel Herrenhaus. Einer der zwei Burschen verschwunden. Warte mit grossem Motorboot am Ufer. Noah."

Er nahm die Ortspolizei und Dr. Wanner auf. Wanner hatte bereits die Ambulanz gerufen; Seenotdienst und Seepolizei fuhren etwa nach zehn Minuten in eigenen Booten in Dienstkleidung an. Noah und der Ortspolizist teilten an der Haupttreppe Aufgaben zu und dienten als zentraler Info-Dienst.

Schwester meldete das Haus leer.

Seenotdienst fand im Teich nichts.

Die Abteilung Pool und Badebereich suchte ebenfalls umsonst und begann dort mit Tauchversuchen.

Wanner forderte eine zweite Ambulanz für Badeunfälle.

Schwester schrie aus Michis Seitenfenster, Michi liege bewusstlos im Bett.

Wanner bei Michi; Atem und Puls schwach.

Noah alarmierte Peter, dass dieser mit Sigi sofort am Seeweg entlang mit Taschenlampen das Ufer absuchte.

Dr. Wanner fand neben Michis Bett am Boden je eine leere Schachtel Schlaf- und Beruhigungsmittel.

Die Polizei durchsuchte kurz Bobos Bett und fand Leintuch und Decke mit kleinen Blutspuren.

Das Seenotboot brachte Michi ans Ufer zur Spitalambulanz und forderte ein zweites an.

Keinerlei Funde im näheren Wassergebiet ...

Peter an Noah: „Bobo liegt am Ufer im Wasser. Wir geben Leuchtsignale. Ca. 150 m von unserem Haus entfernt." Noah: „Sofort sorgfältig aus dem Wasser ziehen und quer legen."

Wanner dirigierte die zweite Ambulanz zur Fundstelle. Die inzwischen verstärkte Ortspolizei fuhr ebenfalls dorthin, zuerst auf der Hauptstrasse, dann querfeldein; Noah fuhr mit dem Motorboot hin.

Bobo gab schwache Lebenszeichen und ihm rann ziemlich viel Wasser aus Mund und Nase.

Zweite Ambulanz übernahm Notdienst, fuhr in die Klinik und meldete Befund.

Dr. Wanner versammelte Schwester, Peter und Sigi im rechten Salon, versuchte sie zu beruhigen und bat sie, auf die Fragen der Kommissare zu warten.

Polizei versammelte alle nicht mehr eingesetzten Dienste in der Eingangshalle. Forderte Foto- und Pressedienst der Amtspolizei zu erster Faktenlage.

a) Noah gab den anfänglichen Zeitverlauf durch.
b) Ortspolizei führte zu den zwei Betten für Aufnahme der Funde und Fotodienst.

c) Noah erreichte Dr. Erkenz und nahm Kontakt mit dem Rechtsdienst der Familie auf.
d) Chef der Amts-Polizei versuchte eine knappe Zusammenfassung der gesicherten Fakten und Vermutungen über den Ablauf.
e) Er stellte die einhellige Meinung fest, dass es über die Motive und die ersten Abläufe nicht einmal Vermutungen gebe.
f) Dann begann die Befragung der Zeugen …

Am folgenden Vormittag trafen sich um 10 Uhr nach Aufforderung des verantwortlichen Kommissars in der Klinik: der Chefarzt der Inneren Medizin und Neurologie (Kurmann), Noah, Schwester, Peter und Sigi.

Es ging:
- um den Zustand der Burschen und die Befragungsmöglichkeit
- die Rekonstruktion der Abläufe
- die Klärung der zwei ‚Zeitlöcher': Bobos Flucht und Michis erster Alarm; das seltsam lange Vernachlässigen von Michi im Bett
- vernünftige Annahmen über die Motive

Kurmann hielt Michis Zustand für höchst lebensgefährlich mit geringen Überlebenschancen, Bobos Zustand hingegen sei erstaunlich gut. Herz und auch die Lunge funktionierten relativ gut. Bobo wäre sogar mit einer kurzen Befragung einverstanden, „aber nur mit Kurmann".

Der Chefarzt ging zu Bobo und fragte ganz sanft: „Du bist geflohen. Warum?" Und erwartete kaum eine Antwort. Bobo jedoch sagte leise: „Er kam plötzlich, sprang auf mein Bett, warf mich auf den Bauch, fingerte in meinem Hintern herum, ‚Jetzt kommst du dran' und zwängte seinen Schwanz in mich hinein. Es tat weh, ich hob mich mit einem Ruck und sah Blut am Leintuch, rannte ans Fenster und sprang ins Wasser, um zu Peter zu schwimmen. Kurz vor dem Ufer schluckte ich Wasser …"

„Peter und Sigi haben dich gerettet. Du warst sehr mutig und wirst schnell erholt sein."

Tränen kamen Bobo, er streichelte ihn sanft und schickte die Krankenschwester.

Kurmann berichtete und hielt die Schilderung für durchaus glaubwürdig.

„Also haben wir es mit einem versuchten Sexual-Missbrauch unter Anwendung von Gewalt zu tun", schloss der Kommissar.

Der erste Zeitverlust war ohne Michis Aussage nicht zu schätzen.

Noah sagte, er hätte gestern Abend noch lange mit der Schwester versucht herauszufinden, warum sie nicht früher an Michi gedacht hätten. Es sei ihnen bisher unerklärlich.

Der Kommissar sagte, er gedenke am Nachmittag vor der Pressekonferenz alle Gruppenleiter zu versammeln und einen möglichst genauen Zeitablauf zu rekonstruieren.

Mit dem kantonalen Rechtsdienst vereinbarte er den Inhalt der Presseinformation. Wahrscheinlich sei es angemessen, nicht von gewaltsamem Unzuchtversuch zu sprechen, solange Michi in Lebensgefahr schwebe.

Er dankte allen, vor allem Peter und Sigi, Noah und Prof. Kurmann und beendigte die Sitzung.

29

Requiescat

Um 9 Uhr kam ein Anruf auf Peters Handy. „Praxis Prof. Kurmann. Ich verbinde Sie mit dem Professor."

„Kurmann. Peter da?"

„Tot?"

„Ja."

„Michi?"

„Ja."

…

„Ruf mich an, wann immer du mich brauchst. Du hast Bobo gerettet."

… Klick

Peter rannte in den Gang und schrie, als müsste er das ganze Haus wecken. „Er ist tot!"

Nur die Mutter war da, eilte aus der Küche, Peter entgegen, sie umarmten sich. Die Mutter ließ sich in einen Sessel fallen.

„Manchmal im Leben braucht man einen Cognac oder einen Whisky." Peter holte zwei Gläser, dann eine Flasche Cognac, dann eine Flasche Whisky.

Beide saßen, tranken, weinten …

„Woran?"

„Vergiftet. Sich selbst, im Schock, weil Bobo geflohen ist."

„Weshalb ist er geflohen?"

„Weil Michi wollte, was ich ihm nie gestattet habe. Aber das sagen wir keinem Menschen."

„Vielleicht Sigi?"

„Nur wenn er fragt."

30

Gemeinderat, Schulvorstand und Pfarramt organisierten eine Gedenkmesse. Auf Bitte ohne Predigt, ohne Lebenslauf. Zum Schluss der Schulchor mit dem Andachts-Jodel (zwei Solisten, die Mädchen, die Burschen, der Chor, die Trauergemeinde).

Michi wurde wie alle Leichen der Hauskapelle einbalsamiert und in einer Sarglade beigesetzt.

Punkt 9 Uhr tönte die Glocke, die Türe öffnete sich, vier Totengräber trugen den mit Glas gedeckten Holzsarg, zwei Ministranten mit Weihwasser, zwei mit Weihrauch, der Pfarrer im schwarzen Chormantel folgten.

Vater, die Lady, Noah, Peters Familie und die Schwester folgten den rituellen Gebeten. Peter durfte eine Rose auf Michis Brust legen, der geschlossene Sarg wurde eingeschoben, die kirchlichen Diener verschwanden, die Lade wurde mit eisernem Wappen und Namen zugeschraubt.

Schweigen, bis Dr. Erkenz sagte: „Es war falsch."

Noah: „Es hätte nicht sein müssen."

Schweigen, Peter setzte sich unter das Ladengrab: „Ich habe es gewusst."

Die Lady berührte Peters Haar: „Du hast so viel für ihn getan!"

ENDE

Der Autor

Joachims Bedenken

Gewiss war es drei Jahre her, seit Joachim Franz, einem „Old Boy" des Gymnasiums, geschrieben hatte. Demnach hatte er ein neues wissenschaftliches Manuskript vollendet. Oder doch nicht?
Die zentrale Frage im Brief wies woanders hin:
„Lieber Franz, diesmal lautet die peinliche Frage: Darf man diesen Bericht publizieren?"
Bericht? Seit wann schrieb Joachim erfundene Prosa?
Er legte den Textband beiseite und wog ab:
1. Der Text war abschnittweise pubertär-schamlos. Wie sie eben damals redeten. Warum nicht? Gab es nicht zu viele verlogen gesäuberte Dialoge?
2. Körperliche Wärme und Nähe retteten mehrmals den kranken Michi. Wer dachte dabei schon „obszön" statt „schön"?
3. Michi war dem Sex erlegen: Konnte er nicht ertragen, dass Peter und Polo seinen Schwanz nicht wollten?
Nr. drei war dicke Post. Aber wer kannte mit 14 nicht diese Adresse? Und das Böse war gesühnt. Nein, es war an der Zeit, darüber zu schreiben. Und wenn etwas fehlt, dann eine Serie obszöner Skizzen …

Der Verlag

*Wer aufhört
besser zu werden,
hat aufgehört
gut zu sein!*

Basierend auf diesem Motto ist es dem novum Verlag ein Anliegen neue Manuskripte aufzuspüren, zu veröffentlichen und deren Autoren langfristig zu fördern. Mittlerweile gilt der 1997 gegründete und mehrfach prämierte Verlag als Spezialist für Neuautoren in Deutschland, Österreich und der Schweiz.

Für jedes neue Manuskript wird innerhalb weniger Wochen eine kostenfreie, unverbindliche Lektorats-Prüfung erstellt.

Weitere Informationen zum Verlag und seinen Büchern finden Sie im Internet unter:

w w w . n o v u m v e r l a g . c o m

Bewerten
Sie dieses Buch
auf unserer
Homepage!

www.novumverlag.com